MI PRE MI A DA RANCHERA

Santiago Alexander "SANTI" Polito

authorHOUSE®

AuthorHouse™
1663 Liberty Drive
Bloomington, IN 47403
www.authorhouse.com
Phone: 833-262-8899

Publicada por AuthorHouse 04/29/2021

ISBN: 978-1-6655-2450-6 (tapa blanda)
ISBN: 978-1-6655-2449-0 (libro electrónico)

Información sobre impresión disponible en la última página.

Este es un libro impreso en papel libre de ácido.

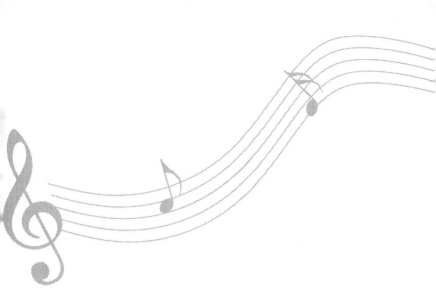

Te deseo la mejor de las
suertes en la vida,
aunque nunca
la tuviste conmigo.

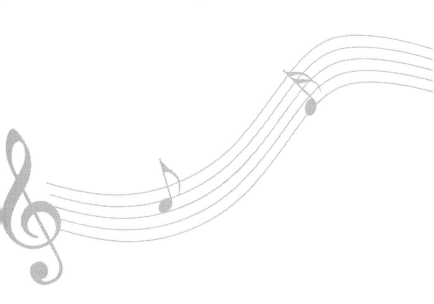

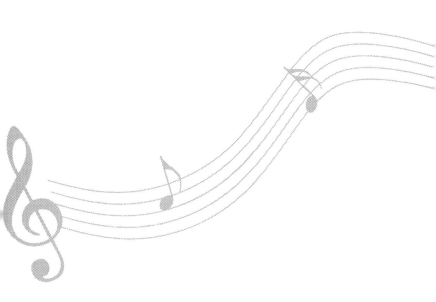

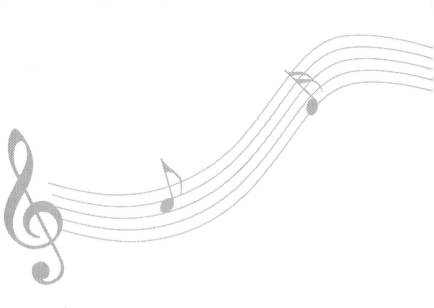

Cuando vi su negocio,

supe que su entorno

impulsaba su carrera.

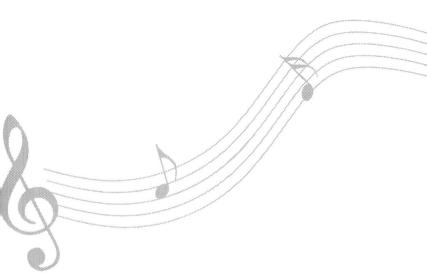

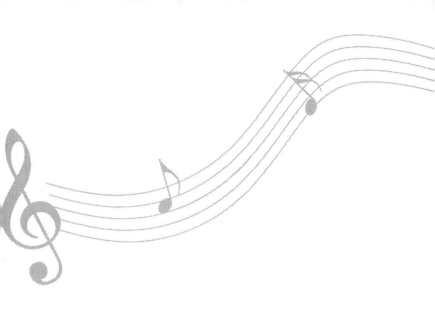

Aunque acabo de verte haciendo

lo tuyo en la oficina,

y fue entonces cuando aprendí a

confíe en su suerte y en su instinto empresarial.

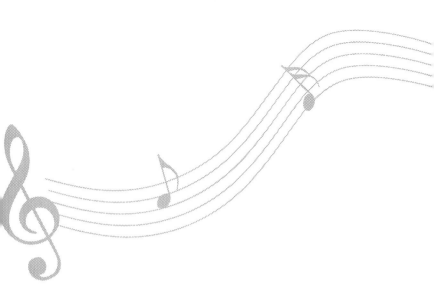

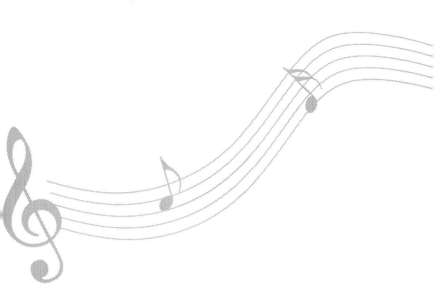

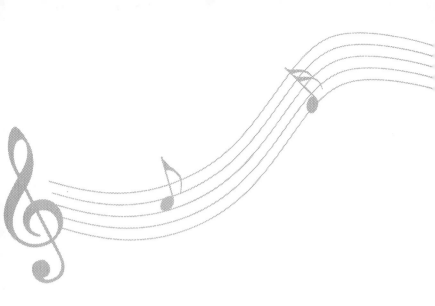

Aprendí de tu suerte y
eso es algo que nunca olvidaré.

Me doy cuenta un día que por culpa de
tu suerte tendremos una mejor relación.

Tu familia me pidió hoy que no
te vea este año en tu cumpleaños.

Siendo el mejor empleado y amor de mi
vida, seguí el consejo de tu familia
de no verte este año para tu día especial.

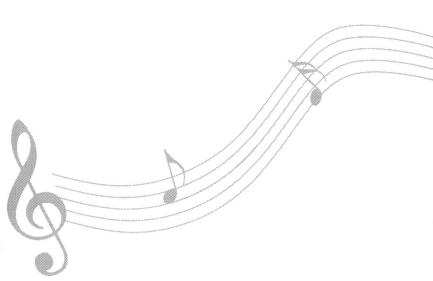

Te imaginé como la madre amorosa de mis hijos.

Cuando llegué a trabajar ese día,

usted me dijo, como su empleada,

que me estaba yendo bien en el negocio.

Dijiste: "Muy pronto serás tú quien obtenga

la franquicia. Serás el próximo propietario en
este país. Viva Santiago."

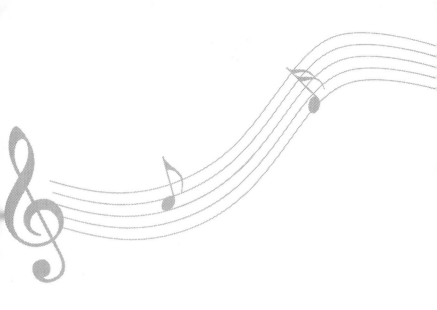

Más tarde ese mismo día

Empecé a pensar en

mi oportunidad de franquicia,

recordé tu consejo y fui al banco.

Feliz año nuevo y lo que viene.

Printed in the United States
by Baker & Taylor Publisher Services